8° F Pièce
3304

DÉPOT LÉGAL
OISE

CONTRIBUTION FONCIÈRE

PROPRIÉTÉ BATIE

Revision décennale du Revenu et des Exemptions

par Félix MERCIER

Avoué honoraire
Secrétaire de la Société d'agriculture de l'arrondissement
de Beauvais
Professeur de Législation rurale à l'Institut agricole
de Beauvais
Chevalier du Mérite agricole

Prix : 20 centimes

BEAUVAIS
IMPRIMERIE AVONDE ET BACHELIER, 15, RUE DES FLAGEOTS
1901

CONTRIBUTION FONCIÈRE

PROPRIÉTÉ BATIE

Revision décennale du Revenu et des Exemptions

par Félix MERCIER

Avoué honoraire
Secrétaire de la Société d'agriculture de l'arrondissement
de Beauvais
Professeur de Législation rurale à l'Institut agricole
de Beauvais
Chevalier du Mérite agricole

Prix : 20 centimes

BEAUVAIS
IMPRIMERIE AVONDE ET BACHELIER, 15, RUE DES FLAGEOTS
1901

DÉPOT LÉGAL
OISE
N° 21
1901

Pièce
8°F
3304

PUBLICATIONS DU MÊME AUTEUR

MANUEL JURIDIQUE DES MALADIES CONTAGIEUSES DES ANIMAUX
DOMESTIQUES. Editeurs : MM. MARCHAL et BILLARD, 27.
place Dauphine, à Paris.

Médaillé à l'Exposition universelle de 1900.

MONOGRAPHIE SUR LA FIÈVRE APHTEUSE.

Brochure et Conférences sur LA REVISION DU CADASTRE
ET DES IMPÔTS.

PRINCIPES GÉNÉRAUX

La constitution de 1789 garantit à tous les citoyens français des droits parmi lesquels se trouve :

L'Egalité proportionnelle de l'impôt

Sous ce titre il est dit : *que tous les Français paient l'impôt en proportion de leur fortune, sans aucune exception résultant, soit du rang et de la qualité de la personne, soit de la nature de la propriété.*

L'impôt ne peut être perçu qu'après avoir été voté par les représentants de la nation.

L'impôt est la cotisation payée par chaque citoyen en raison de sa fortune, à l'Etat, pour le prix de la protection qu'il reçoit et des avantages dont il jouit dans l'Etat social.

L'impôt est donc une dette sacrée que tout Français doit payer loyalement selon sa fortune, mais avec une modération équitable, et surtout sans exagération et sans parti pris.

C'est son apport social, dans la grande société dont il fait partie.

L'impôt foncier est divisé en deux catégories, depuis la Loi du 8 août 1890 :

La Propriété non bâtie
Et la Propriété bâtie

Nous n'étudierons dans cette monographie que les questions délicates intéressant la propriété bâtie, dont le revenu sera fixé en 1901 pour dix années.

En 1897 il y avait 9,081,118 maisons ayant une valeur locative réelle de 2,735,293,595 francs et 141,835 usines ayant une valeur locative de 215,325,135 francs.

Le montant de la contribution en principal d'après le taux de 3 fr 20 0/0 a été de 70,237,284 francs.

C'est le revenu locatif de ces 9,081,118 maisons, plus les usines, qu'il s'agit de reviser et de fixer pour dix années.

CONTRIBUTIONS

DES

PROPRIÉTÉS BATIES

Dégrèvements : Réclamations

L'Administration vient de nous adresser des feuilles d'impôts, qui, loin de diminuer comme on nous le promet toujours, vont constamment en augmentant. Nous avons pensé qu'il était utile de rappeler aux propriétaires et agriculteurs qu'ils n'ont qu'un délai de six mois pour examiner avec le plus grand soin les avertissements qu'ils viennent de recevoir.

Leur attention doit porter plus spécialement sur l'évaluation du revenu de la maison qu'ils habitent, car il est souvent exagéré ; ils doivent rechercher quel serait le prix de la location que l'on pourrait obtenir, et comparer l'habitation à telle ou telle autre maison louée, dans la même commune ou dans une commune voisine. Nous allons étudier successivement les questions qui peuvent se présenter.

Propriété louée

Lorsque la propriété est louée, il ne peut être question d'évaluation ni d'expertise ; c'est le montant du loyer qui sert de base à la fixation du revenu imposable.

Il n'est pas nécessaire que le bail soit authentique ; un bail sous seing privé, en cours ou récent, une déclaration verbale faite à l'enregistrement suffisent.

Si une partie seulement de la propriété est louée, l'estimation du surplus est faite par comparaison.

Lorsque les immeubles font l'objet d'un bail principal, la valeur locative doit être calculée, non d'après le prix du loyer payé par le locataire principal, mais d'après les prix totalisés des sous-locations consenties par celui-ci. *(Arrêt des Bouches-du-Rhône du 19 janvier 1895.)*

La raison donnée est que, l'immeuble étant aménagé pour la location en détail, le locataire principal devait nécessairement obtenir un loyer inférieur à la valeur locative réelle, en compensation des frais de gestion et de surveillance, ainsi que des risques de pertes de loyers, etc., charges qui incomberait au propriétaire, si celui-ci louait directement son immeuble.

Propriété non louée. — Evaluation

Lorsqu'il s'agit de déterminer par voie d'appréciation la valeur locative de la propriété bâtie, il est nécessaire, le plus souvent, de baser cette évaluation sur la valeur vénale de l'immeuble. Dans ce cas l'évaluation comporte deux opérations distinctes :

1° L'estimation de la valeur vénale des bâtiments affectés à l'usage de l'homme ;

2° La détermination du taux d'intérêts à appliquer à cette valeur vénale, pour en déduire la valeur locative imposable.

En ce qui touche les règles à suivre pour chacune de ces opérations, la jurisprudence ne fournit, pour ainsi dire, aucune indication utile. Toutes les décisions rendues par le Conseil d'Etat constituent des arrêts d'espèces, desquels ne se dégage aucune doctrine susceptible de servir de guide.

Disons seulement que, pour fixer cette valeur, il faut se placer au jour de la clôture du procès-verbal des évaluations concernant la commune dans laquelle se trouve la propriété bâtie. *(Arrêt du 16 mars 1894; voir aussi circulaire du 17 février 1894, n° 851.)*

En procédant de cette façon, le contribuable arrivera approximativement à avoir un revenu représentant celui qu'il aurait eu, si l'habitation avait était louée.

Si l'immeuble n'était pas habité ou tombait en ruine, il ne saurait être imposé, ni à la contribution foncière, ni pour les portes et fenêtres. *(Arrêts du Conseil d'Etat des 11 novembre 1898 et 22 juillet 1899.)*

Châteaux et maisons exceptionnelles

L'évaluation de ces deux catégories d'immeubles se fait par voie de comparaison avec des propriétés à peu près semblables, qui sont louées, et que l'on trouve dans le canton, dans l'arrondissement et même le département, mais jamais en dehors des limites du département. *(Arrêt du Conseil d'Etat du 8 juillet 1898.)*

Le Conseil d'Etat a réduit dans une proportion notable (de 16,000 fr. à 13,000 fr.) l'évaluation d'un château, pour le motif que cette évaluation avait été faite à tort, d'après le taux moyen des valeurs locatives de maisons qui, étant de dimensions plus petites et de construction plus récente, pouvaient être louées plus facilement. *(Arrêt du 30 novembre 1895, Seine-et-Oise. Arrêt du Conseil d'Etat du 17 avril 1896.)*

Dans l'évaluation du revenu du château, il n'y a pas lieu de tenir compte :

1° Des pelouses ni du potager. *(Arrêt du Conseil d'Etat du 18 janvier 1884.)*

2° Pas plus que du parc, ou des bois, prairies, qui peuvent l'entourer; mais on doit y comprendre tous les bâtiments, serres, écurie, sellerie et autres dépendances qui ne servent pas à la culture. *(Arrêt du Conseil d'Etat du 26 mars 1897.)*

Si le propriétaire ne pouvait se mettre d'accord avec le représentant de l'administration, il y aurait lieu de recourir à une expertise pour fixer la valeur locative.

Fermes et maisons de culture. — Exemption en faveur de l'Agriculture

Lorsque le revenu est fixé, ou bien lorsque la propriété bàtie est louée, on prend ce revenu comme base.

C'est alors que les propriétaires ruraux doivent signaler au contrôleur les parties de bàtiments ruraux, ou de terrain compris dans la location, qui sont dispensés d'impôts, lesquels doivent être déduits du loyer ou revenu fixé.

Nous allons examiner chacun des cas où une déduction doit être faite.

Etables. — Bâtiments ruraux et dépendances

Aux termes de l'article 85 de la loi du 3 Frimaire an VII. sont exemptés d'impôts : les granges, greniers, étables. écuries, caves, celliers, pressoirs, et logements des gardiens, tant que tous ces bàtiments restent affectés à cet usage.

On entend par bàtiments ruraux tous les bàtiments servant à abriter les produits du sol, et à loger les bestiaux et les gardiens de ces bestiaux.

L'article 5 de la loi du 8 août 1890 a maintenu l'exemption de ces bàtiments, mais l'exemption ne s'applique pas à un bàtiment construit dans une vigne. où le propriétaire prend ses repas, quand il vient dans son domaine. et qui sert d'abri aux vignerons pendant leur repas. (*Arrêt du Conseil d'Etat du 3 mars 1893.*)

Le mot *bestiaux* doit être interprété dans son acception la plus large, et comprendre toutes les bêtes de somme, ou de trait, employées pour le service de l'agriculture, les vaches, moutons. etc. (*Circulaire du 27 janvier 1891*).

Le vacher peut coucher dans l'étable ; cela ne change pas le caractère du bâtiment. *(Arrêt du 6 novembre 1897, Dordogne.)*

Si le corps de ferme ou la maison de culture est loué avec des terres, pour un loyer fixé à forfait, il y a lieu de faire une ventilation, pour déterminer la part de loyer applicable aux terres, herbages et jardins, et celle applicable au corps de ferme.

Lorsque le loyer applicable à l'ensemble du corps de ferme est arrêté, on doit étudier, et fixer le chiffre de loyer applicable à l'étable, à l'écurie et aux autres bâtiments composant l'exploitation agricole, et le total obtenu doit être diminué du chiffre précédemment fixé pour le corps de ferme.

En un mot, le contribuable ne doit payer d'impôts, pour la propriété bâtie, que pour les locaux agricoles par lui occupés..... et rien de plus.

Jardins, herbages, enclos, bosquets, etc.

Lorsque dans le revenu fixé, ou dans le loyer de la ferme ou de la maison bourgeoise, se trouvent compris des herbages, jardins, enclos ou bosquets attenant à l'habitation, il y a lieu de déterminer pour quelle somme l'herbage ou le jardin est entré dans la fixation du loyer ; cette somme une fois fixée doit être déduite du montant de ce loyer, comme nous venons de le dire pour les bâtiment de la ferme. *(Arrêt du 8 mars 1895.)* Mais les jardins et cours donnant accès à la maison imposable doivent être imposés comme une propriété bâtie. *(Arrêt du 4 mars 1898, Indre-et-Loire.)*

Il est bien entendu que le jardin, la cour, ou la terrasse d'une maison bourgeoise doit être déduit, comme le jardin ou l'herbage d'une ferme, *l'impôt n'étant dû que pour l'habitation de l'homme. (Arrêts du Conseil d'Etat des 17 janvier 1891 et 16 juin 1894.).*

Sol des bâtiments et des cours

Dans certaines fermes, le sol de la cour et des bâtiments est important. Ce sol paie un impôt basé sur le revenu cadastral. Pour celui-ci il n'y a pas lieu de faire une évaluation locative, mais de déduire seulement le revenu cadastral du montant des loyers. *(Arrêt du Conseil d'Etat du 28 avril 1899.)* Mais on ne doit pas déduire le revenu du sol des bâtiments à usage d'habitation s'il est peu important.

Il résulte de ces explications que, dans les campagnes, les maisons qui servent, pour le plus grand nombre, à la culture doivent être évaluées à un chiffre très minime. *C'est le corps de logis seul qui doit être évalué pour servir de base à l'assiette de la contribution foncière :* tout le surplus, tous les bâtiments de décharge, jardins et autres, doivent être distraits de la masse imposable.

BATIMENTS RURAUX
et dépendances à comprendre dans l'évaluation

D'après la jurisprudence administrative sont imposables : tous les bâtiments et dépendances de maisons bourgeoises qui ne sont pas utilisés par l'agriculture ; ainsi on a jugé qu'il y avait lieu de comprendre dans les évaluations :

1° Les écuries et remises destinées à loger des chevaux ou à abriter des voitures ne servant pas à une exploitation agricole. *(Arrêt du 29 novembre 1895, Nièvre.)*

2° Les serres dépendant d'une maison habitée, ou affectées à l'exercice de la profession d'horticulteur ; elles ne rentrent pas dans la classe des bâtiments servant aux exploitations rurales, dispensées de l'impôt des propriétés bâties. *(Arrêt du 9 novembre 1894, Rhône ; Arrêt du Conseil d'Etat du 16 octobre 1894.)*

3° Une bergerie utilisée par un nourisseur de chèvres ou de brebis. *(Arrêt du 4 janvier 1884, Hérault.)*

4° Les bâtiments et réservoirs servant à alimenter d'eau une ferme, mais utilisés également pour les besoins de l'habitation. *(Arrêt du 6 novembre 1885.)*

5° Une distillerie annexée à une exploitation rurale et dans laquelle se font des manipulations et des transformations ne rentrant pas dans les usages habituels de l'agriculture, bien que les produits viennent de la ferme. *(Arrêt du 9 décembre 1887, Eure.)*

6° Un moulin muni de son outillage annexé à une exploitation agricole, servant à moudre la nourriture des bestiaux et à mettre en mouvement des machines agricoles. *(Conseil d'Etat du 13 mai 1887.)*

7° Une laiterie-fromagerie, dépendant d'une ferme et dans laquelle les produits de l'exploitation étaient transformés par des procédés mécaniques. *(Arrêt du 9 avril 1897, Eure.)*

8° Les bâtiments habités par un métayer et sa famille. *(Arrêt du Conseil d'Etat du 9 avril 1897.)*

Les distilleries et les laiteries-fromageries annexées à une exploitation agricole qui sont considérées comme locaux d'usine doivent être frappées d'une réduction du *tiers* et non du *quart. (Arrêt du Conseil d'Etat du 9 avril 1897.)*

Portes et fenêtres. — Exemption d'impôts

En principe, la contribution atteint toutes les portes et fenêtres servant à l'habitation de l'homme et donnant sur les rues, cours et jardins. *(Article 1er de la Loi du 4 frimaire an VII.)*

L'article 27 de la Loi du 21 avril 1832, déclare également imposables, les fenêtres dites mansardes et autres ouvertures pratiquées dans la toiture des maisons, lorsqu'elles éclairent des appartements habitables.

Sont aussi imposables les fenêtres servant à éclairer les escaliers d'une habitation. *(Conseil d'Etat du 4 mars 1881.)*

L'ouverture éclairant un fournil qui est une dépendance de l'habitation;

La porte ou fenêtre des cabinets d'aisances d'une maison, alors même qu'elle donnerait sur la cour. *(Conseil d'Etat, 3 février 1888.)*

Mais pour les exploitations rurales, une exemption spéciale a été accordée par l'article 5 de la Loi du 4 frimaire an VII, qui décide « que les portes et fenêtres servant à éclairer ou à « aérer les granges, bergeries, étables, greniers, caves et « autres locaux non destinés à l'habitation de l'homme ne « sont pas imposables ».

Cette disposition a pour objet de favoriser l'agriculture, et c'est exclusivement dans ce sens, quand il y a doute, que la loi doit être interprétée.

On ne doit pas compter non plus les ouvertures des bûchers, buanderies, remises, serres, fournils et hangars qui ne servent qu'à l'agriculture, ni celles de pavillons ou maisonnettes qui ne servent qu'à serrer des instruments de jardinage, des fleurs, ou des grains, ni enfin celles des pressoirs, des laiteries, des chalets, des greniers, des caves, à moins que les bâtiments ne soient employés pour un travail public ou un commerce.

Pour les maisons bourgeoises, châteaux, etc., la taxe n'est pas due, lorsqu'il s'agit de portes intérieures des habitations, lorsque les portes servent à fermer des enclos, des parcs, des jardins, ou lorsqu'elles servent de communication d'une cour à une autre cour, ou d'un jardin à un autre jardin. Elle n'est pas due davantage pour des ouvertures d'écuries, selleries, des ouvertures sans vitres, ou enfin des ouvertures non closes, des barrières d'avenues ou des barrières volantes à claire-voie, même roulantes sur pivots ou gonds.

Mais l'impôt serait dû pour des portes et fenêtres d'une distillerie agricole, avec outillage fixé au sol exploité par un cultivateur. *(Arrêt du Conseil d'Etat du 12 mars 1898.)*

Cet impôt est dû, sans se préoccuper de la grandeur de la

fenêtre, ni de la valeur de la propriété. La fenêtre de l'habi-
tion d'un berger est taxée sur le même pied que celle du
château aux lambris dorés.

C'est l'égalité, c'est entendu....

. . . .

Mais ce n'est pas l'impôt proportionné à la fortune et à la
valeur de l'habitation, comme le dit le paragraphe 8 de la
Constitution du 22 frimaire an VIII.

Puisque nous devons payer l'impôt de l'air et de lumière!!
Payons-le!!.....

Mais ne payons que juste ce que nous devons.

Impôts des portes et fenêtres dus par les locataires

L'impôt des portes et fenêtres est une charge de la jouis-
sance. C'est ce que décide l'article 12 de la Loi du 4 frimaire
an VII, en disant « que cette contribution sera exigible contre
« les propriétaires et usufruitiers, locataires ou fermiers
« des maisons et usines, sauf le recours contre les locataires
« pour le remboursement de la somme due à raison des
« locaux par eux occupés ».

Ainsi, lorsque le bail ne parle pas de l'impôt des portes et
fenêtres, le propriétaire, qui est obligé de l'avancer au percepteur, a le droit de réclamer à son locataire la somme
avancée; la jurisprudence s'est toujours prononcée dans ce
sens. (Voir un Jugement du Tribunal de Lyon du 23 février
1870, et un Arrêt de Cour de cassation du 30 janvier
1900.)

Par suite, lorsque le propriétaire prend à sa charge, soit
verbalement, soit par écrit, ou bien lorsqu'il est dit dans le
bail qu'il paiera tous les impôts sauf la cote mobilière et
les prestations, il paraît évident que dans l'intention des
parties, l'impôt des portes et fenêtres doit être supporté par
le propriétaire.

Or si ce dernier paie, en vertu de la convention, 30 ou

40 francs *d'impôts locatifs*, cela diminue d'autant son loyer. En effet, si le bailleur n'avait pas consenti à les payer, le preneur aurait loué 30 ou 40 francs de moins. Donc il faut déduire ces impôts du montant du loyer, lorsqu'ils sont payés par le propriétaire..... *(Arrêt du Conseil d'Etat du 23 décembre 1893; Arrêt du 14 juin 1895, Haute-Garonne.)*

Réparations locatives

Si le bail met à la charge du propriétaire les réparations locatives, il est nécessaire de les faire évaluer, pour en déduire le montant du prix du loyer, puisque ces réparations sont une charge locative, et que c'est par exception que le propriétaire les a prises à sa charge. *(Arrêt du 19 janvier 1895, Basses-Alpes.)*

Abonnement à une Compagnie des Eaux

Il en serait de même du prix de l'abonnement des eaux, que le propriétaire paierait à la Cie des Eaux au lieu et place de ses locataires. *(Arrêt du Conseil d'Etat du 21 juillet 1894; Arrêt de la Seine du 28 juin 1895.)*

Objets mobiliers. — Outillage, etc.

Si des objets mobiliers, ou un matériel ont été loués avec l'immeuble et sans prix spécial. il y a lieu de déduire du prix du loyer fixé à forfait la part afférente aux objets mobiliers. ou matériel compris dans le bail et qui ne sont pas passibles de la contribution foncière.

Charges diverses à ajouter au loyer

Mais d'un autre côté, aucune déduction n'est à opérer sur le prix du loyer, pour les dépenses qui incombent normalement au propriétaire; au contraire, dans le cas où ces dépenses, calculées en dehors du prix principal, sont mises par une clause spéciale à la charge du locataire, il y a lieu d'en ajouter le montant au prix du bail.

Au nombre des charges de cette nature, il faut compter et ajouter au prix du loyer, d'après la jurisprudence, notamment :

L'impôt foncier et la prime d'assurance qui seraient mis à la charge des locataires. *(Arrêts des 22 février et 10 mai 1895, Nord.)*

Les frais de balayage et d'éclairage des locaux à usage commun, cours, escaliers, vestibules, etc., que le propriétaire ferait payer à ses locataires. *(Arrêts du Conseil d'Etat des 5 mai 1894 et 9 mai 1896.)*

Les frais de vidange, et de ramonage de cheminées, le salaire du concierge, qui sont une charge de la propriété. *(Arrêt du 28 juin 1895, Seine.)*

Il en serait de même : 1° Pour une redevance que le propriétaire ferait payer à ses locataires pour une fontaine placée dans la cour de l'immeuble et affectée à l'usage commun. *(Arrêt du 18 janvier 1895, Isère.)* 2° Pour les frais de tapis, d'ascenseur, de calorifère, etc. Tous ces frais rentrent dans ceux pour lesquels une déduction du quart a été prévue par la Loi du 8 août 1890.

Locaux vacants. — Evaluation

Dans l'évaluation du revenu il faut comprendre les locaux vacants, pour le prix de la dernière location.

Les vacances dans les locations de propriétés bâties ne peuvent donner lieu qu'à des demandes en réduction présentées au Ministre par la voie gracieuse.

(Arrêt du Conseil d'Etat du 6 janvier 1894.) Dalloz, 1895-5-159.

Bail en cours ; réduction de loyer

Le revenu est fixé, en 1901, d'après le bail en cours ; si dans deux ou trois ans le propriétaire est obligé de subir une réduction de 300 francs ou 600 à 700 francs de loyer et même plus, il ne pourra pas faire réduire le revenu fiscal arrêté et fixé en 1901, pour dix ans.

Le propriétaire n'est admis à réclamer pendant les trois mois de la publication du rôle que lorsque, par suite de circonstances exceptionnelles, l'immeuble aura subi une dépréciation.

En dehors de ce cas, aucune demande en décharge ou en réduction ne sera recevable, sauf dans le cas où l'immeuble serait, en tout ou en partie, détruit ou converti en bâtiment rural. *(Article 7 de la loi du 8 août 1890, arrêts du Conseil d'Etat des 4 mai et 21 juillet 1894)*

Examen des matrices pour obtenir des points de comparaison

Un contribuable a le droit de demander à la mairie communication de la matrice des propriétés bâties, contenant l'évaluation du revenu, pour prendre comme point de comparaison des immeubles dont le prix de location est connu.

La matrice cadastrale fournira aussi des indications utiles, pour le choix des points de comparaison.

Tout contribuable peut réclamer, à la Direction des contributions, la délivrance d'un extrait du rôle relatif à des immeubles pris comme points de comparaison, alors même que ces immeubles ne lui appartiendraient pas ; mais il doit payer 25 centimes par extrait. *(Voir circulaire de la Comptabilité publique du 30 septembre 1887 interprétant l'article 60 de l'Instruction générale des finances du 20 juin 1859.)*

Le contrôleur est tenu aussi de fournir toutes communications et explications qui seraient demandées par le contribuable. *(Circulaire du 27 janvier 1891.)*

Réduction du quart de loyer ou revenu

Lorsque toutes les déductions sont opérées, on réduit le loyer restant d'un quart pour les maisons, et d'un tiers pour les usines, en considération du dépérissement et des frais d'entretien et de réparations. *(Article 5 de la loi du 8 août 1890.)*

Formalités ; réclamations à la Mairie

Les demandes en décharge, en dégrèvement ou en réduction peuvent être faites dans le mois de la publication du rôle, par déclaration consignée à la Mairie, sur le registre tenu à cet effet, en exécution de l'article 2 de la loi du 21 juillet 1887.

La déclaration doit être signée par le réclamant ou son mandataire. Si la réclamation est reconnue fondée, l'incident est clos ; si elle est rejetée, le contribuable doit porter sa demande devant le Conseil de préfecture dans le délai d'un mois, du jour de la notification du rejet.

Demande adressée à la Préfecture. Délai de six mois

Lorsque le contribuable n'a pas fait de déclaration à la Mairie, ou lorsque le délai d'un mois est expiré, il doit adresser sa demande à la Préfecture, ou à la Sous-Préfecture, dans le délai de six mois de la publication du rôle. La requête peut être faite sur papier libre, si la cote est inférieure à 30 francs, et elle doit être faite sur timbre, si elle dépasse 30 francs.

Dans cette demande, le contribuable doit toujours conclure à une expertise pour vérifier les faits qu'il avance. De plus il doit déclarer qu'il désire présenter, ou faire présenter par un mandataire, des observations orales à la séance du Conseil de préfecture où l'affaire sera portée pour être jugée.

Dans ce cas le réclamant doit être averti quatre jours à l'avance du jour de l'audience. *(Article 27 de la loi du 21 avril 1832.)*

La procuration pour se faire représenter devant le Conseil

de préfecture doit être sur timbre si la cote est supérieure à 30 francs, mais il n'est pas nécessaire de la faire enregistrer. *(Arrêt du Conseil d'Etat du 13 janvier 1899.)*

Quittance des douzièmes échus

Certaines personnes joignent encore à leur demande la quittance des douzièmes échus parce qu'elles pensent que, sans cette pièce, elle serait rejetée... Des journaux mêmes ont annoncé que la quittance était encore nécessaire ; il y a là une erreur ; la quittance n'est plus indispensable ; l'article 12 de la loi du 6 décembre 1897 a modifié l'article 28 de la loi du 21 avril 1832. (On peut consulter aussi avec intérêt l'article 157 de l'instruction ministérielle du 28 janvier 1898, *et un arrêt du Conseil d'Etat du 7 avril 1869.)*

Mais, de ce que la quittance n'est plus exigée, il ne s'ensuit pas que le contribuable puisse retarder le paiement, soit des termes déjà échus lors de sa réclamation, soit des termes venant à échoir avant que le conseil de préfecture ait statué.

Le contribuable doit payer comme il le faisait les années précédentes.

Cependant, il serait fondé à différer le paiement des douzièmes qui viendraient à échoir, si la réclamation n'était pas jugée dans les trois mois.

Instruction des réclamations

Le maire et les répartiteurs doivent donner leur avis dans les dix jours de la communication des dossiers, à moins que le contrôleur ne se transporte sur les lieux, auquel cas il prend immédiatement leur avis.

L'avis du contrôleur doit faire suite à celui du maire et des répartiteurs ; il doit être motivé et renfermer les justifications spéciales, s'il conclut au rejet de la réclamation.

L'avis du maire et des répartiteurs ne peut être écrit de la main du contrôleur. *(Circulaire du 27 janvier 1891.)*

Une fois ces avis donnés, le dossier est envoyé à la direction. Le directeur vérifie l'instruction, donne son avis motivé et adresse le dossier au Conseil de préfecture avec son rapport, où le réclamant peut prendre communication du dossier.

Expertise. — Frais

La vérification peut toujours être ordonnée par le Conseil de préfecture, lorsqu'elle a été réclamée, et même d'office, lorsque le réclamant a laissé passer le délai de dix jours sans désigner son expert.

Le réclamant désigne son expert par lettre adressée au Préfet; il ne saurait trop apporter de soin dans le choix de son expert; il doit désigner, autant que possible, un homme connaissant à fond les valeurs locatives réelles du pays, et les rapports de ces valeurs aux anciens revenus cadastraux.

L'administration désigne son expert, et le Conseil de préfecture désigne le troisième. Le contrôleur fixe ensuite le jour de l'expertise. Il prévient les experts, le contribuable et le maire de la commune, dix jours au moins à l'avance.

Le contribuable a le droit de se faire représenter. Au jour indiqué, il est procédé à l'expertise ; le contrôleur doit dresser un procès-verbal sur papier libre, relatant les dires et observations des experts ; puis il le transmet au directeur avec son avis.

Si les experts veulent rédiger eux-mêmes leur rapport et exprimer leur avis personnel, ils peuvent le faire ; mais dans ce cas ils doivent l'écrire sur papier timbré et le faire enregistrer.

Les frais d'expertise sont, comme les autres, supportés par la partie qui succombe suivant l'appréciation du juge. *(Article 5 de la loi du 29 décembre 1884.)*

Tierce-Expertise

La tierce-expertise a été supprimée par l'article 16 de la loi du 18 juillet 1895 qui décide « que lorsqu'il y a lieu à

« expertise, elle est faite par trois experts, à moins que les
« parties ne consentent qu'il y soit procédé par un seul.
« Dans ce dernier cas, l'expert est nommé par le Conseil
« de préfecture. Si l'expertise est confiée à trois experts,
« l'un d'eux est nommé par ce Conseil, et chaque partie est
« appelée à nommer son expert ».

Pourvoi devant le Conseil d'Etat

Le contribuable mécontent de la décision du Conseil de
préfecture peut se pourvoir devant le Conseil d'Etat. Ce
pourvoi ne peut s'exercer que dans le délai de deux mois, à
dater du jour où la décision lui a été notifiée. La requête doit
être sur timbre si la cote dépasse 30 francs, et accompagnée
de la lettre d'avis de la décision attaquée. Il n'est pas nécessaire de prendre un avocat au Conseil d'Etat ; le pourvoi est
remis au préfet, qui le transmet au président du Conseil
d'Etat.

Réclamation reconnue fondée

Lorsque la demande est reconnue fondée, le contribuable
a le droit de se faire rembourser les droits de timbre qu'il a
déboursés. *(Voir article 42 de la loi de finances 1897.)*

Locaux vacants. — Portes et fenêtres

Lorsqu'une maison ou un appartement est vacant, il y a
lieu de faire une déclaration au contrôleur dans la quinzaine
de la vacance. On renouvelle cette déclaration tous les trois
mois, tant que dure la vacance ; on obtient ainsi la remise
de l'impôt des portes et fenêtres qui est dû par le locataire.
Cet impôt n'est pas dû puisque la maison n'est pas habitée.

Si la vacance existe pendant plus d'un an, on obtient en
outre la remise de l'impôt foncier. Mais pour ce dernier cas,
il est prudent d'adresser au préfet une demande en remise.

Réclamation pendant trois mois en 1902

Le contribuable qui se croit trop imposé doit faire sa réclamation, en 1901, dans les six mois qui suivent la publication du rôle.

Mais si, pour des motifs indépendants de sa volonté, il n'a pu le faire dans le délai de six mois, ou s'il a oublié de formuler sa réclamation, il pourra encore former une demande en décharge ou en réduction en 1902, mais pendant trois mois seulement à partir de la publication du rôle.

Si le contribuable laisse passer le deuxième délai sans réclamer, le revenu porté sur l'avertissement est fixé définitivement pour dix ans. *(Article 3 de la loi du 13 juillet 1900.)*

Rédaction des Baux de ferme. Mesures à prendre

Lorsqu'un propriétaire est sur le point de faire ou de faire faire un bail de ferme, il doit, dans la rédaction du bail, fixer un prix à raison de *tant de l'hectare* pour les terres labourables, herbages, prairies et bois, en y comprenant. pour la fixation du loyer, le jardin, la cour et les bâtiments servant à l'exploitation agricole, tels que granges, greniers, écuries, étables, remises, caves, pressoirs, sellier, etc. ;

Et un prix spécial sérieux, mais sans exagération, pour les locaux habités par le fermier. tels que cuisine, salle à manger, chambres et chambres de bonnes.

En agissant ainsi, le revenu des locaux habités par l'homme, et qui sont les seuls imposables, comme propriété bâtie, sera fixé d'une façon incontestable, et le propriétaire s'évitera bien des ennuis et des difficultés avec l'administration des contributions.

Assiette légale de la contribution foncière de la propriété bâtie

Utilité de la réclamation

Lorsque le contribuable a examiné ses feuilles d'impôts, s'il reconnaît que la valeur locative attribuée à son immeuble est exagérée, comparativement à d'autres de même importance, se trouvant dans la commune, ou dans celle voisine, il doit réclamer, alors même qu'il n'obtiendrait qu'une diminution peu sensible d'impôts. En effet, il ne faut pas perdre de vue que cette réduction a un caractère absolument précaire, que le taux de 3 fr. 20 % ne s'applique qu'à l'exercice courant ; qu'il est susceptible de varier, suivant les nécessités budgétaires, d'un exercice à un autre ; qu'enfin ce taux peut être, l'année prochaine, porté à 4 francs ou 5 francs %, peut-être plus... C'est l'inconnu...

C'est alors que la valeur locative qui sera fixée en 1901 pour dix ans, servira de base à la *multiplication* par 3, 4, 5, ou 6 %...

Et le malheureux contribuable subira une augmentation hors de proportion avec la part normale qu'il devait supporter dans les charges publiques. Il ne faut pas oublier non plus que les *centimes additionnels* subissent la même fluctuation.

*
★ ★

Le contribuable rural est écrasé d'impôts de toutes natures. alors que bien des rentiers n'en paient pas. Il lui est possible actuellement de faire reviser la valeur locative de sa propriété ; qu'il le fasse donc ! ! ! Qu'il profite des moyens que la loi met à sa disposition, pour faire valoir ses droits et faire respecter les grands principes de la Révolution française, c'est-à-dire l'égalité de tous les citoyens devant la proportionnalité de l'impôt !

Formules de Réclamations et Pourvois

N° 1. MODÈLE DE RÉCLAMATION DEVANT LE CONSEIL
DE PRÉFECTURE LORSQUE LE CONTRIBUABLE
HABITE LA MAISON.

A Monsieur le Préfet et à Messieurs les membres du Conseil de préfecture du département de...

Le soussigné *(nom, prénoms, profession et domicile)*

A l'honneur d'exposer,

Qu'il a été imposé au rôle de la contribution foncière des propriétés bâties pour 1901, de la commune de....., sur un revenu net de....., que ce revenu est certainement exagéré comparativement aux autres habitations.

L'exposant demande donc la réduction de la valeur locative sur laquelle il est imposé à ladite contribution.

Et, dans le cas où l'administration des contributions directes contesterait sa demande, il conclut subsidiairement à ce qu'il soit procédé à une expertise.

Il demande aussi à être entendu le jour où l'affaire sera appelée devant le Conseil.

A la présente demande il joint :

L'avertissement *(ou)* l'extrait du rôle délivré par le percepteur.

Fait à... le...

Signature.

Pour les cotes de 30 francs et au-dessus, la réclamation doit être faite sur timbre.

*
* *

N° 2. MODÈLE DE RÉCLAMATION DEVANT LE CONSEIL
DE PRÉFECTURE LORSQUE LA PROPRIÉTÉ EST LOUÉE.

A Monsieur le Préfet et à Messieurs les membres du Conseil de préfecture du département de...

Le soussigné *(nom, prénoms, profession et domicile)*

A l'honneur d'exposer :

Qu'il a été imposé au rôle de la contribution foncière des propriétés bâties pour 1901, de la commune de... sur un revenu net de..... qui, vu la déduction d'un quart *(s'il s'agit de maisons) ou* d'un tiers *(s'il s'agit d'usines)*, représente une valeur locative réelle de.....

Que cette valeur locative est exagérée puisqu'il appert d'un bail enregistré en date du....... (s'il n'y a pas de bail, on doit énoncer la déclaration verbale faite à l'enregistrement) que cet immeuble n'est effectivement loué *(indiquer le prix porté au bail)*.

(Ou si le bail s'étend à d'autres objets que la propriété bâtie (meubles, terres, parcs, jardins, bâtiments ruraux, etc.)

Que cette valeur locative est exagérée parce que, bien qu'elle soit la même que celle portée au bail, enregistré, cette dernière s'appliquant aussi aux objets étrangers à la propriété, il y a lieu de faire la ventilation de la valeur de ces objets pour la déduire de la valeur locative servant de base à l'établissement de la taxe, qui ne doit être calculée que sur la valeur de l'immeuble seul, non garni de meubles *(ou* sans tenir compte de celle des jardins, parcs et bâtiments ruraux qui sont l'objet d'un mode spécial de cotisation).

(S'il y a lieu à ventilation, la réclamer dans les mêmes termes qu'au paragraphe précédent.)

En conséquence l'exposant demande qu'il vous plaise ordonner la réduction de la valeur locative, sur laquelle il est imposé à la contribution foncière de la propriété bâtie au chiffre de.....

Et dans le cas où l'Administration des Contributions directes contesterait les faits avancés, il conclut subsidiairement à ce qu'il soit procédé à une expertise...

A la présente demande est joint : 1° l'avertissement *(ou* l'extrait du rôle délivré par le percepteur) : 2° les pièces justificatives que le contribuable croira devoir ajouter au dossier *(les énumérer)*.

Fait à... le...

Signature.

<div align="center">
* *</div>*

Nº 3. Modèle de recours au Conseil d'Etat.

Le soussigné *(nom, prénoms, profession)*, demeurant à...

A l'honneur de déférer au Conseil d'Etat, statuant au contentieux, un arrêté rendu par le Conseil de préfecture de... le... qui a rejeté la réclamation formée par lui, dans les délais fixés par l'article 7 de la loi du 8 août 1890, pour obtenir la réduction de la valeur locative sur laquelle il est imposé sous l'article... du rôle de la contribution foncière de la propriété bâtie de la commune de... pour l'année 190... par les motifs suivants :

(Reproduire les motifs développés devant le Conseil de préfecture.)

· Le requérant fonde sa demande en annulation sur les considérations suivantes. *(Les déduire sommairement mais avec précision.)*

En conséquence le requérant conclut à ce qu'il plaise au Conseil d'Etat

Prononcer l'annulation de l'arrêté attaqué et ordonner la réduction de la valeur locative sur laquelle il est imposé à la somme de...

A la présente requête est jointe : La lettre d'avis de la décision attaquée.

*
* *

Nº 4. — Demande d'expertise a former dans les dix premiers jours du dépôt, quand cette demande n'a pas été formulée dans la réclamation elle-même.

A Monsieur le Préfet de...

Le soussigné... demeurant à...

A l'honneur d'exposer qu'après avoir pris connaissance du dossier relatif à la réclamation qu'il a formulée au sujet de... il persiste dans sa demande qu'il croit fondée...

Il conclut en conséquence à ce qu'il soit procédé à une expertise, et il choisit à cet effet pour son expert M....., demeurant...

A... le...

Signature.

TABLE DES MATIÈRES

BIBLIOTHÈQUE NATIONALE — R.F. — IMPRIMÉS

Beauvais. — Imprimerie du *Moniteur de l'Oise.*

www.ingramcontent.com/pod-product-compliance
Lightning Source LLC
Chambersburg PA
CBHW060817280326
41934CB00010B/2724